Nossa Senhora
do Bom Parto

Mario Basacchi

Nossa Senhora do Bom Parto
Novena e reflexões bíblicas

Citações bíblicas: *Bíblia Sagrada*. Tradução da CNBB, 5. ed., 2007.

Editora responsável: *Luzia M. de Oliveira Sena*
Equipe editorial

2ª edição – 2011
8ª reimpressão – 2024

Nenhuma parte desta obra poderá ser reproduzida ou transmitida por qualquer forma e/ou quaisquer meios (eletrônico ou mecânico, incluindo fotocópia e gravação) ou arquivada em qualquer sistema ou banco de dados sem permissão escrita da Editora. Direitos reservados.

Cadastre-se e receba nossas informações
paulinas.com.br
Telemarketing e SAC: 0800-7010081

Paulinas

Rua Dona Inácia Uchoa, 62
04110-020 – São Paulo – SP (Brasil)
📞 (11) 2125-3500
✉ editora@paulinas.com.br

© Pia Sociedade Filhas de São Paulo – São Paulo, 2009

Introdução

O novo milênio, que há pouco iniciou, apresenta muitos desafios e problemas relacionados à família e à sociedade. A vida, dom sagrado do Criador, de valor inestimável, passa por muitas dificuldades em virtude da sociedade egoísta, pragmática e consumista em que nos encontramos. A família sofre essas influências e desestrutura-se, a validade do casamento é questionada e os filhos nascem, muitas vezes, sem o planejamento dos pais.

O exemplo da família de Nazaré torna--se oportuno e necessário para cada casal, chamado a gerar e cuidar da vida, partícipe da obra criadora de Deus.

A gravidez é um momento único e muito especial, não apenas para a mulher, mas para toda a família e a comunidade. Os nove meses de espera ativa e consciente propiciam um momento oportuno para a oração e a reflexão.

O objetivo desta novena é passar nove dias em companhia de Nossa Senhora, seguindo seu exemplo de aceitação amorosa da vontade de Deus.

Que Nossa Senhora do Bom Parto, também conhecida como Nossa Senhora do Ó ou da Expectação, ajude as futuras mães a viver com tranquilidade e na fé os momentos abençoados da gravidez, em que se misturam sonhos, planos, receios, tristezas e alegrias, com muito amor no coração e confiança em Deus.

Origem da devoção

A devoção a Nossa Senhora do Bom Parto é muito antiga e teve inúmeros devotos em vários países e em todas as épocas, especialmente entre as mulheres grávidas, que buscavam nela a tranquilidade e a fé para enfrentar a hora do parto – um momento de incertezas e preocupação, sobretudo no tempo em que a medicina ainda não tinha alcançado os progressos atuais capazes de proteger a mãe e a criança.

A Virgem Maria grávida era venerada, desde o século X, em Toledo, na Espanha, sob o título de Nossa Senhora do Ó, lembrando as invocações que se rezavam na novena do Natal, que iniciavam sempre com uma exclamação de júbilo pela vinda de Jesus: "Ó Sabedoria do Altíssimo, ó

Adonai, ó Oriente, ó Emanuel!". Em seguida, o arcebispo daquela cidade, Santo Ildefonso, determinou que a festa, com o título de Expectação do Parto da Beatíssima Virgem Maria, fosse celebrada no dia 18 de dezembro.

Em Portugal, o culto à Expectação do Parto, ou a Nossa Senhora do Ó, teria iniciado em Torres Novas. Em 1212 foi erguida uma igreja dedicada a Nossa Senhora do Ó. Atualmente cerca de dezesseis cidades a têm como padroeira.

No Brasil, o culto teve início em Olinda. A imagem era venerada na primeira igreja construída por ordem do Capitão Donatário, Duarte Coelho. Em seguida, graças aos bandeirantes, a devoção a Nossa Senhora do Ó se espalhou por todo o Brasil.

A imagem de Nossa Senhora do Ó ou da Expectação se apresenta geralmente com a mão esquerda sobre o ventre em estado de gravidez. A mão direita aparece em simetria à outra ou levantada. A partir do século XIX, prevaleceu a imagem de Nossa Senhora do Bom Parto, que carrega em seus braços o Menino Jesus, recém-nascido.

Não existe um dia específico para sua festa. Inicialmente festejava-se durante a novena em preparação ao Santo Natal, como atesta o célebre sermão do Padre Vieira. Em algumas paróquias celebra-se em maio, em outras em outubro, por ocasião da Semana da Criança, ou na celebração do Dia do Nascituro (8 de outubro). Mas a data não é assim tão importante, pois todos os dias novas vidas desabrocham e, por isso, recorremos à proteção de Nossa Senhora do Bom Parto para que as crianças que nascem sejam bem recebidas e se sintam amadas.

PRIMEIRO DIA

Maria nos planos de Deus

Oração inicial

Em nome do Pai, do Filho e do Espírito Santo. Amém!

Vinde, Espírito Santo! Enchei o coração dos vossos fiéis e acendei neles o fogo do vosso amor. Enviai o vosso Espírito, e tudo será criado e renovareis a face da terra.

Oração a Nossa Senhora do Bom Parto

Ó Maria Santíssima, vós sois feliz e bendita entre todas as mulheres porque fostes escolhida, desde toda a eternidade, para ser a mãe de Jesus, o Filho de Deus.

Olhai para mim, Nossa Senhora do Bom Parto, minha mãe misericordiosa, protetora das gestantes. Ensinai-me a agir como vós, que experimentastes momentos de alegria e felicidade, de expectativa e preocupação, mas sempre soubestes entregar-vos confiante à providência divina.

Vós, que também vivestes a experiência de gerar um filho e compreendeis perfeitamente a ansiedade e as preocupações das mães gestantes, especialmente as incertezas da hora do parto, alcançai-me de Deus a graça de ter um parto feliz e que meu bebê nasça com saúde, forte e perfeito.

Eu vos prometo orientar meu filho sempre pelo caminho que vosso Filho Jesus traçou, o caminho do bem. Virgem Maria, Mãe do Menino Jesus, agora me sinto mais calma e mais tranquila porque já sinto a vossa maternal proteção.

Nossa Senhora do Bom Parto, rogai por mim!

Leitura bíblica

"Saí da boca do Altíssimo como primogênita, antes de todas as criaturas. Eu fiz com que nascesse nos céus uma luz inextinguível e como uma névoa recobri toda a terra. Aquele que me criou me disse: 'Habita em Jacó, toma posse da tua herança em Israel e deita raízes no meio dos meus eleitos'" (Eclo 24,5-6,12-13).

Reflexão

Deus é eterno. O tempo só existe para nós, por isso contamos as horas, os dias, os meses e os anos. Nos planos de Deus está estabelecido o nosso nascimento e, de um modo maravilhoso, o de Maria e de seu Filho Jesus. No início e nos fins dos tempos, aparece esta mulher extraordinária, a Virgem Maria, a nova Eva, aquela que deveria derrotar a serpente e nos dar o Salvador.

Criou Deus algo novo na terra, diz o profeta Jeremias (cf. Jr 31,22) e esse algo novo é Maria, destinada a dar à luz o Verbo de Deus. Toda mulher que o amor transforma em mãe torna-se colaboradora na criação de um novo ser, único e insubstituível.

Oração final

Deus, Pai misericordioso, eu vos agradeço por ter realizado em mim grandes coisas e conceder-me a graça de ser mãe. Pela intercessão de Maria, modelo de todas as mães, amparai a mim e a todas as gestantes que esperam ansiosas por seu bebê. Fazei que meu filho sinta-se acolhido e amado por nossa família. Que ele seja recebido como um verdadeiro presente vosso e que eu seja uma boa mãe, como o foi a Virgem Maria, mãe de vosso Filho Jesus. Amém.

Pai-Nosso, Ave-Maria e Glória-ao-Pai.

Nossa Senhora do Bom Parto, rogai por nós.

SEGUNDO DIA

A expectativa da Virgem Maria Nossa Senhora do Ó

Oração inicial

Em nome do Pai, do Filho e do Espírito Santo. Amém!

Vinde, Espírito Santo! Enchei o coração dos vossos fiéis e acendei neles o fogo do vosso amor. Enviai o vosso Espírito, e tudo será criado e renovareis a face da terra.

Oração a Nossa Senhora do Bom Parto

Ó Maria Santíssima, vós sois feliz e bendita entre todas as mulheres porque fostes escolhida, desde toda a eternidade, para ser a mãe de Jesus, o Filho de Deus.

Olhai para mim, Nossa Senhora do Bom Parto, minha mãe misericordiosa, proteto-

ra das gestantes. Ensinai-me a agir como vós, que experimentastes momentos de alegria e felicidade, de expectativa e preocupação, mas sempre soubestes entregar-vos confiante à providência divina.

Vós, que também vivestes a experiência de gerar um filho e compreendeis perfeitamente a ansiedade e as preocupações das mães gestantes, especialmente as incertezas da hora do parto, alcançai-me de Deus a graça de ter um parto feliz e que meu bebê nasça com saúde, forte e perfeito.

Eu vos prometo orientar meu filho sempre pelo caminho que vosso Filho Jesus traçou, o caminho do bem. Virgem Maria, Mãe do Menino Jesus, agora me sinto mais calma e mais tranquila porque já sinto a vossa maternal proteção.

Nossa Senhora do Bom Parto, rogai por mim!

Leitura bíblica

"Mostra-nos, Senhor, a tua misericórdia, e dá-nos a tua salvação" (Sl 85,8).

"Mas tu, Belém de Éfrata, pequenina entre as aldeias de Judá, de ti sairá para mim aquele que há de ser o governante de Israel. Sua origem é antiga, de épocas remotas. Por isso Deus os abandonará até o momento em que der à luz aquela que deve dar à luz." (Mq 5,1-2)

Reflexão

Deus é fiel. Ele prometeu enviar um Salvador que seria escolhido dentre os descendentes de Abraão, Isaac e Jacó. Durante quase quatro mil anos, os profetas e os santos da Antiga Aliança ansiaram pela vinda do Messias: "Ó Sabedoria! Ó Adonai! Ó Raiz de Jessé! Ó Oriente! Ó Espada de Davi! Ó Emanuel!".

Maria, como toda jovem de seu povo, desejou ardentemente a vinda do Messias. Na sua humildade não esperava ser a escolhida, a futura Mãe do Messias. Mas Deus, o único que podia escolher uma mãe para seu Filho, a escolheu e a encheu de graças.

Cada mulher gestante é chamada a sentir-se como Maria, agraciada e escolhida por Deus para gerar uma nova vida, sinal de esperança e de bênção para o mundo.

Oração final

Deus, Pai misericordioso, eu vos agradeço por ter realizado em mim grandes coisas e conceder-me a graça de ser mãe. Pela intercessão de Maria, modelo de todas as mães, amparai a mim e a todas as gestantes que esperam ansiosas por seu bebê. Fazei que meu filho sinta-se acolhido e amado por nossa família. Que ele seja recebido como um verdadeiro presente vosso e que eu seja uma boa mãe, como o foi a Virgem Maria, mãe de vosso Filho Jesus. Amém.

Pai-Nosso, Ave-Maria e Glória-ao-Pai.
Nossa Senhora do Bom Parto, rogai por nós.

TERCEIRO DIA

A concepção de Jesus Cristo, Filho de Deus e da Virgem Maria

Oração inicial

Em nome do Pai, do Filho e do Espírito Santo. Amém!

Vinde, Espírito Santo! Enchei o coração dos vossos fiéis e acendei neles o fogo do vosso amor. Enviai o vosso Espírito, e tudo será criado e renovareis a face da terra.

Oração a Nossa Senhora do Bom Parto

Ó Maria Santíssima, vós sois feliz e bendita entre todas as mulheres porque fostes escolhida, desde toda a eternidade, para ser a mãe de Jesus, o Filho de Deus.

Olhai para mim, Nossa Senhora do Bom Parto, minha mãe misericordiosa, proteto-

ra das gestantes. Ensinai-me a agir como vós, que experimentastes momentos de alegria e felicidade, de expectativa e preocupação, mas sempre soubestes entregar-vos confiante à providência divina.

Vós, que também vivestes a experiência de gerar um filho e compreendeis perfeitamente a ansiedade e as preocupações das mães gestantes, especialmente as incertezas da hora do parto, alcançai-me de Deus a graça de ter um parto feliz e que meu bebê nasça com saúde, forte e perfeito.

Eu vos prometo orientar meu filho sempre pelo caminho que vosso Filho Jesus traçou, o caminho do bem. Virgem Maria, Mãe do Menino Jesus, agora me sinto mais calma e mais tranquila porque já sinto a vossa maternal proteção.

Nossa Senhora do Bom Parto, rogai por mim!

Leitura bíblica

"Eis que a jovem conceberá e dará à luz um filho e lhe porá o nome de Emanuel" (Is 7,14).

"No princípio era a Palavra, e a Palavra estava junto de Deus, e a Palavra era Deus. E a Palavra se fez carne e veio morar entre nós. Nós vimos a sua glória, glória como do filho único da parte do Pai, em plenitude de graça e de verdade" (Jo 1,1.14).

"O anjo, então, disse: 'Não tenhas medo, Maria! Encontraste graça junto a Deus. Conceberás e darás à luz um filho, e lhe porás o nome de Jesus'" (Lc 1,30-31).

Reflexão

Em Lucas 1,26-38, lemos que o anjo Gabriel é enviado a Nazaré, uma cidade da Galileia, para anunciar a uma virgem, prometida em casamento a um homem chamado José, o nascimento de seu filho.

E o nome da virgem era Maria. Ela, então, pergunta ao anjo como acontecerá isso, já que não convive com nenhum homem. O anjo responde que o Espírito Santo descerá sobre ela e o poder do Altíssimo a cobrirá com sua sombra, porque aquele que vai nascer é Filho de Deus.

O Concílio de Éfeso, convocado pelo Papa Celestino I em 431, proclamou solenemente o dogma da Maternidade Divina de Maria, proporcionando aos cristãos o reconhecimento de Maria como a Mãe de Deus.

Oração final

Deus, Pai misericordioso, eu vos agradeço por ter realizado em mim grandes coisas e conceder-me a graça de ser mãe. Pela intercessão de Maria, modelo de todas as mães, amparai a mim e a todas as gestantes que esperam ansiosas por seu bebê. Fazei que meu filho sinta-se acolhido e amado por nossa família. Que ele seja recebido como um verdadeiro presente vosso e que eu seja uma boa mãe, como o foi a Virgem Maria, mãe de vosso Filho Jesus. Amém.

Pai-Nosso, Ave-Maria e Glória-ao-Pai.
Nossa Senhora do Bom Parto, rogai por nós.

QUARTO DIA

As dúvidas e os temores de Maria

Oração inicial

Em nome do Pai, do Filho e do Espírito Santo. Amém!

Vinde, Espírito Santo! Enchei o coração dos vossos fiéis e acendei neles o fogo do vosso amor. Enviai o vosso Espírito, e tudo será criado e renovareis a face da terra.

Oração a Nossa Senhora do Bom Parto

Ó Maria Santíssima, vós sois feliz e bendita entre todas as mulheres porque fostes escolhida, desde toda a eternidade, para ser a mãe de Jesus, o Filho de Deus.

Olhai para mim, Nossa Senhora do Bom Parto, minha mãe misericordiosa, proteto-

ra das gestantes. Ensinai-me a agir como vós, que experimentastes momentos de alegria e felicidade, de expectativa e preocupação, mas sempre soubestes entregar-vos confiante à providência divina.

Vós, que também vivestes a experiência de gerar um filho e compreendeis perfeitamente a ansiedade e as preocupações das mães gestantes, especialmente as incertezas da hora do parto, alcançai-me de Deus a graça de ter um parto feliz e que meu bebê nasça com saúde, forte e perfeito.

Eu vos prometo orientar meu filho sempre pelo caminho que vosso Filho Jesus traçou, o caminho do bem. Virgem Maria, Mãe do Menino Jesus, agora me sinto mais calma e mais tranquila porque já sinto a vossa maternal proteção.

Nossa Senhora do Bom Parto, rogai por mim!

Leitura bíblica

"O anjo entrou onde Maria estava e disse: 'Alegra-te, cheia de graça! O Senhor está contigo'. Ela ficou muito confusa com estas palavras e começou a pensar qual seria o significado da saudação. O anjo, então, disse: 'Não tenhas medo, Maria! Encontraste graça junto a Deus. Conceberás e darás à luz um filho, e lhe porás o nome de Jesus'. [...] Maria, então, perguntou ao anjo: 'Como acontecerá isso, se eu não convivo com um homem?'. O anjo respondeu: 'O Espírito Santo descerá sobre ti, e o poder do Altíssimo te cobrirá com a sua sombra. Por isso, aquele que vai nascer será chamado santo, Filho de Deus! [...] Maria disse: 'Eis aqui a serva do Senhor! Faça-se em mim segundo a tua palavra'" (Lc 1,28-31.34-35.38).

Reflexão

Maria se sente preocupada e confusa ao receber a notícia de que seria mãe. Pede esclarecimentos ao anjo para entender os desígnios de Deus em relação a ela e ao filho. Esclarecida, aceita e se coloca a serviço de Deus, para que se cumpra a sua vontade.

É natural que a futura mamãe sinta-se apreensiva e temerosa com o que irá acontecer no decorrer da gravidez. Sentirá as transformações em seu corpo e os desconfortos da gravidez e do parto. E o filho ou a filha como será?

Nesses momentos de incerteza é bom abrir-se com pessoas amigas e experientes, mas o mais importante é confiar em Deus e em Nossa Senhora para vencer todo temor e viver com alegria a espera do nascimento do bebê.

Oração final

Deus, Pai misericordioso, eu vos agradeço por ter realizado em mim grandes coisas e conceder-me a graça de ser mãe. Pela intercessão de Maria, modelo de todas as mães, amparai a mim e a todas as gestantes que esperam ansiosas por seu bebê. Fazei que meu filho sinta-se acolhido e amado por nossa família. Que ele seja recebido como um verdadeiro presente vosso e que eu seja uma boa mãe, como o foi a Virgem Maria, mãe de vosso Filho Jesus. Amém.

Pai-Nosso, Ave-Maria e Glória-ao-Pai.
Nossa Senhora do Bom Parto, rogai por nós.

QUINTO DIA

A visita de Maria a sua prima Isabel

Oração inicial

Em nome do Pai, do Filho e do Espírito Santo. Amém!

Vinde, Espírito Santo! Enchei o coração dos vossos fiéis e acendei neles o fogo do vosso amor. Enviai o vosso Espírito, e tudo será criado e renovareis a face da terra.

Oração a Nossa Senhora do Bom Parto

Ó Maria Santíssima, vós sois feliz e bendita entre todas as mulheres porque fostes escolhida, desde toda a eternidade, para ser a mãe de Jesus, o Filho de Deus.

Olhai para mim, Nossa Senhora do Bom Parto, minha mãe misericordiosa, proteto-

ra das gestantes. Ensinai-me a agir como vós, que experimentastes momentos de alegria e felicidade, de expectativa e preocupação, mas sempre soubestes entregar-vos confiante à providência divina.

Vós, que também vivestes a experiência de gerar um filho e compreendeis perfeitamente a ansiedade e as preocupações das mães gestantes, especialmente as incertezas da hora do parto, alcançai-me de Deus a graça de ter um parto feliz e que meu bebê nasça com saúde, forte e perfeito.

Eu vos prometo orientar meu filho sempre pelo caminho que vosso Filho Jesus traçou, o caminho do bem. Virgem Maria, Mãe do Menino Jesus, agora me sinto mais calma e mais tranquila porque já sinto a vossa maternal proteção.

Nossa Senhora do Bom Parto, rogai por mim!

Leitura bíblica

"Naqueles dias, Maria partiu apressadamente para a região montanhosa, dirigindo-se a uma cidade de Judá. Ela entrou na casa de Zacarias e saudou Isabel. Quando Isabel ouviu a saudação de Maria, a criança pulou de alegria em seu ventre, e Isabel ficou repleta do Espírito Santo. Com voz forte, ela exclamou: 'Bendita és tu entre as mulheres e bendito é o fruto do teu ventre! Como mereço que a mãe do meu Senhor venha me visitar? Logo que a tua saudação ressoou nos meus ouvidos, o menino pulou de alegria no meu ventre. Feliz aquela que acreditou, pois o que lhe foi dito da parte do Senhor será cumprido!'. Maria então disse: 'A minha alma engrandece o Senhor, e meu espírito se alegra em Deus, meu Salvador'" (Lc 1,39-47).

Reflexão

Maria, repleta da graça de Deus e do Espírito Santo, transborda de alegria. Ela sabe que o Filho que se desenvolve no seu ventre é o Messias tão desejado e esperado, o Salvador do mundo. Quer levar esta Boa-Nova a seus familiares e fazê-los participar de sua alegria. Entre seus parentes, a prima Isabel, abençoada por Deus, está prestes a dar à luz um filho. Maria acorre solícita para servir-lhe e alegrar essa família que passara por grandes dificuldades. A alegria de Isabel é grande. A presença de sua prima é uma bênção para ela, para seu marido e seu filho.

Toda mãe, ao ter confirmada sua gravidez, tem Maria como exemplo a ser seguido, espalhando bênção e alegria entre amigos e parentes porque Deus a fez depositária de uma nova vida.

Oração final

Deus, Pai misericordioso, eu vos agradeço por ter realizado em mim grandes coisas e conceder-me a graça de ser mãe. Pela intercessão de Maria, modelo de todas as mães, amparai a mim e a todas as gestantes que esperam ansiosas por seu bebê. Fazei que meu filho sinta-se acolhido e amado por nossa família. Que ele seja recebido como um verdadeiro presente vosso e que eu seja uma boa mãe, como o foi a Virgem Maria, mãe de vosso Filho Jesus. Amém.

Pai-Nosso, Ave-Maria e Glória-ao-Pai.
Nossa Senhora do Bom Parto, rogai por nós.

SEXTO DIA

A Sagrada Família

Oração inicial

Em nome do Pai, do Filho e do Espírito Santo. Amém!

Vinde, Espírito Santo! Enchei o coração dos vossos fiéis e acendei neles o fogo do vosso amor. Enviai o vosso Espírito, e tudo será criado e renovareis a face da terra.

Oração a Nossa Senhora do Bom Parto

Ó Maria Santíssima, vós sois feliz e bendita entre todas as mulheres porque fostes escolhida, desde toda a eternidade, para ser a mãe de Jesus, o Filho de Deus.

Olhai para mim, Nossa Senhora do Bom Parto, minha mãe misericordiosa, protetora das gestantes. Ensinai-me a agir como

vós, que experimentastes momentos de alegria e felicidade, de expectativa e preocupação, mas sempre soubestes entregar-vos confiante à providência divina.

Vós, que também vivestes a experiência de gerar um filho e compreendeis perfeitamente a ansiedade e as preocupações das mães gestantes, especialmente as incertezas da hora do parto, alcançai-me de Deus a graça de ter um parto feliz e que meu bebê nasça com saúde, forte e perfeito.

Eu vos prometo orientar meu filho sempre pelo caminho que vosso Filho Jesus traçou, o caminho do bem. Virgem Maria, Mãe do Menino Jesus, agora me sinto mais calma e mais tranquila porque já sinto a vossa maternal proteção.

Nossa Senhora do Bom Parto, rogai por mim!

Leitura bíblica

"O nascimento de Jesus Cristo foi assim: Maria, sua mãe, estava prometida em casamento a José e, antes de passarem a conviver, ela encontrou-se grávida pela ação do Espírito Santo. José, seu esposo, sendo justo e não querendo denunciá-la publicamente, pensou em despedi-la em segredo. Mas depois que lhe veio esse pensamento, apareceu-lhe em sonho um anjo do Senhor, que lhe disse: 'José, Filho de Davi, não tenhas receio de receber Maria, tua esposa; o que nela foi gerado vem do Espírito Santo'" (Mt 1,18-20).

Reflexão

Maria enfrentou o que algumas mulheres enfrentam, quando a dúvida paira sobre a sua gravidez. Por pouco Maria não foi exposta à humilhação pública e ao apedrejamento, como eram os costumes da época. Porém, José era um homem justo e não a denunciou, mas confiou em Deus, que lhe mandou um anjo revelar o grande mistério da Encarnação do Verbo Divino. José acolheu Maria e seu filho, tornando-se o protetor e fiel depositário de tão valioso tesouro.

Em momentos de dúvidas e incertezas, é preciso manter a confiança, dialogar e ter fé em Deus. Rezar para que os filhos dessa união encontrem harmonia, paz e muito amor no lar. Felizes e abençoadas são também as pessoas que adotam uma criança e dela se tornam pais, construindo uma família segundo o exemplo do justo e casto José.

Oração final

Deus, Pai misericordioso, eu vos agradeço por ter realizado em mim grandes coisas e conceder-me a graça de ser mãe. Pela intercessão de Maria, modelo de todas as mães, amparai a mim e a todas as gestantes que esperam ansiosas por seu bebê. Fazei que meu filho sinta-se acolhido e amado por nossa família. Que ele seja recebido como um verdadeiro presente vosso e que eu seja uma boa mãe, como o foi a Virgem Maria, mãe de vosso Filho Jesus. Amém.

Pai-Nosso, Ave-Maria e Glória-ao-Pai.
Nossa Senhora do Bom Parto, rogai por nós.

SÉTIMO DIA

Íntima união entre Jesus e Maria

Oração inicial

Em nome do Pai, do Filho e do Espírito Santo. Amém!

Vinde, Espírito Santo! Enchei o coração dos vossos fiéis e acendei neles o fogo do vosso amor. Enviai o vosso Espírito, e tudo será criado e renovareis a face da terra.

Oração a Nossa Senhora do Bom Parto

Ó Maria Santíssima, vós sois feliz e bendita entre todas as mulheres porque fostes escolhida, desde toda a eternidade, para ser a mãe de Jesus, o Filho de Deus.

Olhai para mim, Nossa Senhora do Bom Parto, minha mãe misericordiosa, protetora das gestantes. Ensinai-me a agir como

vós, que experimentastes momentos de alegria e felicidade, de expectativa e preocupação, mas sempre soubestes entregar-vos confiante à providência divina.

Vós, que também vivestes a experiência de gerar um filho e compreendeis perfeitamente a ansiedade e as preocupações das mães gestantes, especialmente as incertezas da hora do parto, alcançai-me de Deus a graça de ter um parto feliz e que meu bebê nasça com saúde, forte e perfeito.

Eu vos prometo orientar meu filho sempre pelo caminho que vosso Filho Jesus traçou, o caminho do bem. Virgem Maria, Mãe do Menino Jesus, agora me sinto mais calma e mais tranquila porque já sinto a vossa maternal proteção.

Nossa Senhora do Bom Parto, rogai por mim!

Leitura bíblica

"É Cristo que vive em mim" (Gl 2,20).

"Haja entre vós o mesmo sentir e pensar que no Cristo Jesus. Ele, existindo em forma divina, não se apegou ao ser igual a Deus, mas despojou-se, assumindo a forma de escravo e tornando-se igual ao ser humano" (Fl 2,5-7).

Reflexão

Na intimidade, enquanto o filho cresce no ventre de Maria, se estabelece um diálogo filial e amoroso.

"'Oh! Quem me dera, irmão e filho meu – irmão porque tomastes de mim a natureza humana, e filho, porque eu vo-la dei – oh! quem me dera ver-vos já fora de minhas entranhas, porque dentro delas, posto que vos tenho e possuo, não vos posso gozar.' [...] Deseja a Virgem Santíssima gozar a seu Filho ao modo com que o Pai Eterno o goza, pois é Filho comum a ambos" (Pe. Antônio Vieira, *Sermão de Nossa Senhora do Ó*, 1640).

Jesus e Maria se apresentam a nós, neste mistério, intimamente unidos: Jesus está todo em Maria, e Maria toda em Jesus. Portanto, nunca devemos separar a Mãe do Filho.

Toda mãe, na ansiosa espera do nascimento de seu filho, deve imitar Maria e dialogar amorosamente com ele. Dizer-lhe que o deseja ardentemente, que o ama, que é carne de sua carne, sangue de seu sangue e jamais o rejeitará. O seu coração palpitará em uníssono com o de seu filho: "Eu durmo, mas meu coração vigia" (Ct 5,2).

Oração final

Deus, Pai misericordioso, eu vos agradeço por ter realizado em mim grandes coisas e conceder-me a graça de ser mãe.

Pela intercessão de Maria, modelo de todas as mães, amparai a mim e a todas as gestantes que esperam ansiosas por seu bebê. Fazei que meu filho sinta-se acolhido e amado por nossa família. Que ele seja recebido como um verdadeiro presente vosso e que eu seja uma boa mãe, como o foi a Virgem Maria, mãe de vosso Filho Jesus. Amém

Pai-Nosso, Ave-Maria e Glória-ao-Pai.
Nossa Senhora do Bom Parto, rogai por nós.

OITAVO DIA

O nascimento de Jesus

Oração inicial

Em nome do Pai, do Filho e do Espírito Santo. Amém!

Vinde, Espírito Santo! Enchei o coração dos vossos fiéis e acendei neles o fogo do vosso amor. Enviai o vosso Espírito, e tudo será criado e renovareis a face da terra.

Oração a Nossa Senhora do Bom Parto

Ó Maria Santíssima, vós sois feliz e bendita entre todas as mulheres porque fostes escolhida, desde toda a eternidade, para ser a mãe de Jesus, o Filho de Deus.

Olhai para mim, Nossa Senhora do Bom Parto, minha mãe misericordiosa, protetora das gestantes. Ensinai-me a agir como

vós, que experimentastes momentos de alegria e felicidade, de expectativa e preocupação, mas sempre soubestes entregar-vos confiante à providência divina.

Vós, que também vivestes a experiência de gerar um filho e compreendeis perfeitamente a ansiedade e as preocupações das mães gestantes, especialmente as incertezas da hora do parto, alcançai-me de Deus a graça de ter um parto feliz e que meu bebê nasça com saúde, forte e perfeito.

Eu vos prometo orientar meu filho sempre pelo caminho que vosso Filho Jesus traçou, o caminho do bem. Virgem Maria, Mãe do Menino Jesus, agora me sinto mais calma e mais tranquila porque já sinto a vossa maternal proteção.

Nossa Senhora do Bom Parto, rogai por mim!

Leitura bíblica

"Naqueles dias, saiu um decreto do imperador Augusto mandando fazer o recenseamento [...]. Todos iam registrar-se, cada um na sua cidade. Também José, que era da família e da descendência de Davi, subiu da cidade de Nazaré, na Galileia, à cidade de Davi, chamada Belém, na Judeia, para registrar-se com Maria, sua esposa, que estava grávida. Quando estavam ali, chegou o tempo do parto. Ela deu à luz o seu filho primogênito, envolveu-o em faixas e deitou-o numa manjedoura, porque não havia lugar para eles na hospedaria" (Lc 2,1.3-7).

Reflexão

Jesus, o Filho de Deus, podia escolher um palácio e um berço de ouro para nascer. Todavia veio ao mundo numa pobre manjedoura.

Certamente Maria deve ter sentido muito por não poder oferecer-lhe mais conforto. Mas, na sua humildade, aceitou como sempre a vontade de Deus, procurando suprir a pobreza com seu amor. E ela foi recompensada. Logo apareceram os anjos e pastores glorificando a Deus e prestando singela homenagem a seu Filho Jesus.

Que o exemplo de Maria, que aceitou sua condição e soube guardar todas essas coisas, meditando-as no seu coração, possa encorajar todas as mães que passam por necessidades no momento do nascimento de seu filho.

Oração final

Deus, Pai misericordioso, eu vos agradeço por ter realizado em mim grandes coisas e conceder-me a graça de ser mãe. Pela intercessão de Maria, modelo de todas as mães, amparai a mim e a todas as gestantes que esperam ansiosas por seu bebê. Fazei que meu filho sinta-se acolhido e amado por nossa família. Que ele seja recebido como um verdadeiro presente vosso e que eu seja uma boa mãe, como o foi a Virgem Maria, mãe de vosso Filho Jesus. Amém.

Pai-Nosso, Ave-Maria e Glória-ao-Pai.
Nossa Senhora do Bom Parto, rogai por nós.

NONO DIA

A escolha do nome e a apresentação ao Senhor

Oração inicial

Em nome do Pai, do Filho e do Espírito Santo. Amém!

Vinde, Espírito Santo! Enchei o coração dos vossos fiéis e acendei neles o fogo do vosso amor. Enviai o vosso Espírito, e tudo será criado e renovareis a face da terra.

Oração a Nossa Senhora do Bom Parto

Ó Maria Santíssima, vós sois feliz e bendita entre todas as mulheres porque fostes escolhida, desde toda a eternidade, para ser a mãe de Jesus, o Filho de Deus.

Olhai para mim, Nossa Senhora do Bom Parto, minha mãe misericordiosa, proteto-

ra das gestantes. Ensinai-me a agir como vós, que experimentastes momentos de alegria e felicidade, de expectativa e preocupação, mas sempre soubestes entregar-vos confiante à providência divina.

Vós, que também vivestes a experiência de gerar um filho e compreendeis perfeitamente a ansiedade e as preocupações das mães gestantes, especialmente as incertezas da hora do parto, alcançai-me de Deus a graça de ter um parto feliz e que meu bebê nasça com saúde, forte e perfeito.

Eu vos prometo orientar meu filho sempre pelo caminho que vosso Filho Jesus traçou, o caminho do bem. Virgem Maria, Mãe do Menino Jesus, agora me sinto mais calma e mais tranquila porque já sinto a vossa maternal proteção.

Nossa Senhora do Bom Parto, rogai por mim!

Leitura bíblica

"No oitavo dia, quando o menino devia ser circuncidado, deram-lhe o nome de Jesus, como fora chamado pelo anjo antes de ser concebido no ventre da mãe. E quando se completaram os dias da purificação, segundo a lei de Moisés, levaram o menino a Jerusalém para apresentá-lo ao Senhor, conforme está escrito na Lei do Senhor: 'Todo primogênito do sexo masculino será consagrado ao Senhor'" (Lc 2,21-23).

Reflexão

José e Maria se apressam em cumprir o que determina a lei de Moisés a respeito do seu filho, no oitavo dia do seu nascimento. Aceitam a escolha anunciada pelo anjo e dão-lhe o nome de Jesus – nome que será poderoso e iluminará todas as nações.

Após terem recebido a bênção do

velho Simeão, se retiram glorificando a Deus por todas as maravilhas operadas em seu Filho.

Quando nasce um bebê, os pais têm diante de si o exemplo da Sagrada Família. O agradecimento a Deus, a escolha do nome, o Batismo e a apresentação da criança à comunidade são etapas importantes da sua vida.

Que Deus abençoe os pais na árdua missão de educar seus filhos na fé!

Oração final

Deus, Pai misericordioso, eu vos agradeço por ter realizado em mim grandes coisas e conceder-me a graça de ser mãe. Pela intercessão de Maria, modelo de todas as mães, amparai a mim e a todas as gestantes que esperam ansiosas por seu bebê. Fazei que meu filho sinta-se acolhido e amado por nossa família. Que ele seja recebido como um verdadeiro presente vosso e que eu seja uma boa mãe, como o foi a Virgem Maria, mãe de vosso Filho Jesus. Amém.

Pai-Nosso, Ave-Maria e Glória-ao-Pai.
Nossa Senhora do Bom Parto, rogai por nós.

Apêndice

Oração após o nascimento do bebê

Deus Pai, olhai para mim, que venho
a esta igreja apresentar-vos meu filho
e receber vossa bênção.

Assim como Maria dirigiu-se
ao templo de Jerusalém
após o nascimento de seu Filho Jesus,
venho agradecer em oração
e prometo ser sempre uma boa mãe,
dando exemplo de piedade e virtude.

Abençoai minha família,
a fim de que estejamos sempre
unidos e felizes.
Maria, modelo das mães,
ajudai-me a construir um lar
que seja para o meu filho
a primeira escola e comunidade de fé.

Possa ele aí aprender a dar
seus primeiros passos
no caminho do bem!

Nossa Senhora do Ó

Nossa Senhora do Ó
que os profetas anunciaram
e os cristãos veneram,
protege-nos a toda hora.

Foste a bendita entre as mulheres,
por Deus a escolhida
para ser a Mãe do Redentor,
o primeiro e verdadeiro Amor.

Nossa Senhora da Expectação,
em ti se deu a Encarnação
do Messias pelos Profetas desejado
e pelo Anjo Gabriel anunciado.

Contemplo-te Maria, bonita e juvenil,
Virgem grávida, o ventre arredondado,

lembrando um "Ó" no céu desenhado,
Com uma mão no peito e a outra
despejando graças mil.

Faz nascer nas almas Jesus,
ilumina com esta divina luz
o mundo envolto na escuridão
e alcança-nos dos pecados o perdão.

Como um dia os pastores,
nós teus filhos pecadores,
ao ver teu fruto bendito, neste momento,
exclamamos o "Ó" de encantamento!

Contigo repetindo com muito fervor
as inspiradas invocações,
singelas orações
que alcançam o trono do Senhor.

"Ó Sabedoria do Altíssimo,
vem ensinar-nos o caminho da prudência!
Ó Adonai, guia de Israel,

vem resgatar-nos com a força de teu braço!
Ó raiz de Jessé, sinal dos povos,
vem libertar-nos, não tardes mais!
Ó chave de Davi e Cetro da casa de Israel,
vem nos libertar da sombra da morte!
Ó Oriente, esplendor da Luz
e Sol de Justiça,
vem e ilumina os que vivem na escuridão.
Ó Rei das nações, vem e salva-nos!
Ó Emanuel, nosso Rei e Legislador
Esperança e Salvação das nações,
aponta-nos o reto caminho,
vem salvar-nos, nosso Deus e Senhor!

Ó Virgem, Mãe da Expectação
ajuda cada Mãe que leva em seu ventre
a semente de vida em gestação,
dá-lhe a felicidade de exclamar o feliz "Ó"!

A mãe abençoada

"Bendito é o fruto do teu ventre",
disse Isabel a Maria, Mãe de Jesus.
Abençoada é toda mãe,
que de Deus recebeu um filho,
dom preciosíssimo
e inestimável presente.
Abençoado do Altíssimo, o homem,
cuja esposa gerou-lhe um filho.

"Sua mulher é em seu lar como
uma vinha fecunda.
Seus filhos como brotos de oliveira."
Feliz e abençoado é o ancião,
cuja coroa são os filhos de seus filhos.
Nos dias de aflição será por eles consolado.
Nos dias de alegria é com eles
que reparte a vida.
A semente lançada pelo ímpio
em terra estéril e egoísta
não frutifica e não gera nova vida.

"Não haverá descendência para o ímpio,
nem posteridade que a ele sobreviva."
O efêmero prazer sensual será
seu princípio e fim.
Os cônjuges doando a si mesmos,
tornando-se uma só carne,
prolongam seu amor na realidade do filho,
reflexo vivo do primeiro Amor,
sinal permanente da unidade conjugal.
O filho é a síntese viva
e indissociável de ser pai e mãe.

Mãe, a família, a Pátria e o mundo
precisam de ti.
Abençoada sejas, no teu ventre,
no teu peito, no teu ser todo.
Abençoada por Deus,
por teu marido e por teus filhos,
neste dia a ti consagrado
e por todos os outros de tua vida,
que desejamos longa e feliz,
cheia de paz e de alegria.

(Poema inspirado na Encíclica *Familiaris Consortio*)

Coleção Nossas Devoções

- *A Senhora da Piedade*. Setenário das dores de Maria – Aparecida Matilde Alves
- *Dulce dos Pobres*. Novena e biografia – Marina Mendonça
- *Frei Galvão*. Novena e história – Pe. Paulo Saraiva
- *Imaculada Conceição*. Novena ecumênica – Francisco Catão
- *Jesus, Senhor da vida*. Dezoito orações de cura – Francisco Catão
- *João Paulo II*. Novena, história e orações – Aparecida Matilde Alves
- *João XXIII*. Biografia e novena – Marina Mendonça
- *Maria, Mãe de Jesus e Mãe da humanidade*. Novena e coroação de Nossa Senhora – Aparecida Matilde Alves
- *Menino Jesus de Praga*. História e novena – Giovanni Marques
- *Nhá Chica*. Novena, história e orações – Aparecida Matilde Alves
- *Nossa Senhora Achiropita*. Novena e biografia – Antonio S. Bogaz e Rodinei Thomazella
- *Nossa Senhora Aparecida*. História e novena – Maria Belém
- *Nossa Senhora da Cabeça*. História e novena – Mario Basacchi
- *Nossa Senhora da Luz*. Novena e história – Maria Belém
- *Nossa Senhora da Penha*. Novena e história – Maria Belém
- *Nossa Senhora da Salete*. História e novena – Aparecida Matilde Alves
- *Nossa Senhora das Graças ou Medalha Milagrosa*. Novena e origem da devoção – Mario Basacchi
- *Nossa Senhora de Caravaggio*. História e novena – Pe. Volmir Comparin e Dom Leomar Antônio Brustolin
- *Nossa Senhora de Fátima*. Novena – Tarcila Tommasi
- *Nossa Senhora de Guadalupe*. Novena e história das aparições a São Juan Diego – Maria Belém
- *Nossa Senhora de Lourdes*. – Tarcila Tommasi
- *Nossa Senhora de Nazaré*. Novena e história – Maria Belém
- *Nossa Senhora Desatadora dos Nós*. História e novena – Frei Zeca
- *Nossa Senhora do Bom Parto*. Novena e reflexões bíblicas – Mario Basacchi
- *Nossa Senhora do Carmo*. Novena e história – Maria Belém
- *Nossa Senhora do Desterro*. História e novena – Celina H. Weschenfelder

- *Nossa Senhora do Perpétuo Socorro*. História e novena – Mario Basacchi
- *Nossa Senhora Rainha da Paz*. História e novena – Celina Helena Weschenfelder
- *Novena à Divina Misericórdia*. Santa Maria Faustina Kowaslka, história e orações – Tarcila Tommasi
- *Novena a Nossa Senhora de Lourdes* – Tarcila Tommasi
- *Novena das Rosas. História e novena a Santa Teresinha do Menino Jesus* – Aparecida Matilde Alves
- *Novena em honra ao Senhor Bom Jesus* – Pe. José Ricardo Zonta
- *Ofício da Imaculada Conceição*. Orações, hinos e reflexões – Cristóvão Dworak
- *Orações do cristão*. Preces diárias – Celina H. Weschenfelder (org.)
- *Padre Pio*. Novena e história – Maria Belém
- *Paulo, homem de Deus*. Novena de São Paulo, Apóstolo – Francisco Catão
- *Reunidos pela força do Espírito Santo*. Novena de Pentecostes – Tarcila Tommasi
- *Rosário por uma transformação espiritual e psicológica* – Gustavo E. Jamut
- *Rosário dos enfermos* – Aparecida Matilde Alves
- *Sagrada face*. História, novena e devocionário – Giovanni Marques
- *Sagrada Família*. Novena – Pe. Paulo Saraiva
- *Sant'Ana*. Novena e história – Maria Belém
- *Santa Cecília*. Novena e história – Frei Zeca
- *Santa Edwiges*. Novena e biografia – J. Alves
- *Santa Filomena*. História e novena – Mario Basacchi
- *Santa Joana d'Arc*. Novena e biografia – Francisco de Castro
- *Santa Luzia*. Novena e biografia – J. Alves
- *Santa Maria Goretti. História e novena* – Pe. José Ricardo Zonta
- *Santa Paulina*. Novena e biografia – J. Alves
- *Santa Rita de Cássia*. Novena e biografia – J. Alves
- *Santa Teresa de Calcutá*. Biografia e novena – Celina H. Weschenfelder

- *Santa Teresinha do Menino Jesus*. Novena e biografia – Mario Basacchi
- *Santo Afonso de Ligório*. Novena e biografia – Mario Basacchi
- *Santo Antônio*. Novena, trezena e responsório – Mario Basacchi
- *Santo Expedito*. Novena e dados biográficos – Francisco Catão
- *São Benedito*. Novena e biografia – J. Alves
- *São Bento*. História e novena – Francisco Catão
- *São Brás*. História e novena – Celina H. Weschenfelder
- *São Cosme e São Damião*. Biografia e novena – Mario Basacchi
- *São Cristóvão*. História e novena – Pe. Mário José Neto
- *São Francisco de Assis*. Novena e biografia – Mario Basacchi
- *São Francisco Xavier*. Novena e biografia – Gabriel Guarnieri
- *São Geraldo Majela*. Novena e biografia – J. Alves
- *São Guido Maria Conforti*. Novena e biografia – Gabriel Guarnieri
- *São José*. História e novena – Aparecida Matilde Alves
- *São Judas Tadeu*. História e novena – Maria Belém
- *São Marcelino Champagnat*. Novena e biografia – Ir. Egídio Luiz Setti
- *São Miguel Arcanjo*. Novena – Francisco Catão
- *São Pedro, Apóstolo*. Novena e biografia – Maria Belém
- *São Roque*. Novena e biografia – Roseane Gomes Barbosa
- *São Sebastião*. Novena e biografia – Mario Basacchi
- *São Tarcísio*. Novena e biografia – Frei Zeca
- *São Vito, mártir*. História e novena – Mario Basacchi
- *Tiago Alberione*. Novena e biografia – Maria Belém

NOSSAS DEVOÇÕES
(Origem das novenas)

De onde vem a prática católica das novenas? Entre outras, podemos dar duas respostas: uma histórica, outra alegórica.

Historicamente, na Bíblia, no início do livro dos Atos dos Apóstolos, lê-se que, passados quarenta dias de sua morte na Cruz e de sua ressurreição, Jesus subiu aos céus, prometendo aos discípulos que enviaria o Espírito Santo, que lhes foi comunicado no dia de Pentecostes.

Entre a ascensão de Jesus ao céu e a descida do Espírito Santo, passaram-se nove dias. A comunidade cristã ficou reunida em torno de Maria, de algumas mulheres e dos apóstolos. Foi a primeira novena cristã. Hoje, ainda a repetimos todos os anos, orando, de modo especial, pela unidade dos cristãos. É o padrão de todas as outras novenas.

A novena é uma série de nove dias seguidos em que louvamos a Deus por suas maravilhas, em particular, pelos santos, por cuja intercessão nos são distribuídos tantos dons.

Alegoricamente, a novena é antes de tudo um ato de louvor ao Pai, ao Filho e ao Espírito Santo, Deus três vezes Santo. Três é número perfeito. Três vezes três, nove. A novena é louvor perfeito à Trindade. A prática de nove dias de oração, louvor e súplica confirma de maneira extraordinária nossa fé em Deus que nos salva, por intermédio de Jesus, de Maria e dos santos.

O Concílio Vaticano II afirma: "Assim como a comunhão cristã entre os que caminham na terra nos aproxima mais de Cristo, também o convívio com os santos nos une a Cristo, fonte e cabeça de que provêm todas as graças e a própria vida do povo de Deus" (*Lumen Gentium*, 50).

Nossas Devoções procura alimentar o convívio com Jesus, Maria e os santos, para nos tornarmos cada dia mais próximos de Cristo, que nos enriquece com os dons do Espírito e com todas as graças de que necessitamos.

Francisco Catão

Rua Dona Inácia Uchoa, 62
04110-020 – São Paulo – SP (Brasil)
Tel.: (11) 2125-3500
paulinas.com.br – editora@paulinas.com.br
Telemarketing e SAC: 0800-7010081